NIEDERLÄNDISCH

Lernen mal anders

Die 100 wichtigsten Vokabeln
für
Reisende
Abenteurer
Digitale Nomaden
Sprachenbegeisterte

SPRACHEN
Lernen mal anders

Niederländisch lernen mal anders

Die 100 wichtigsten Vokabeln

von

Sprachen lernen mal anders

www.sprachenlernenmalanders.de

E-Mail: seppeur@sprachenlernenmalanders.com

Überarbeitete Auflage 2022

Druck: Amazon Fulfillment

ISBN: 978-1075916632

Newsletter

Sicher dir jetzt den kostenlosen Sprachenguide mit den 10 wichtigsten Vokabeln der Sprachen Englisch, Französisch, Spanisch, Portugiesisch und Italienisch über unseren Newsletter auf:

www.sprachenlernenmalanders.com/sprachenguide

Ein Baum für jedes Buch

Für jedes verkaufte Buch wird ein Baum in Madagascar, Haiti, Nepal, Indonesien, Mozambique oder in Kenia gepflanzt. Unser Partner für die Aufforstung ist die globale NGO Eden Reforestation Projects. Sie stellen die lokale Bevölkerung ein und schaffen so eine neue Lebensgrundlage für Menschen und Tiere vor Ort.

Vielen Dank für deinen Kauf und deine Unterstützung bei der Aufforstung!

edenprojects.org
PLANT TREES | SAVE LIVES

Inhaltsverzeichnis

Einleitung

Zieht es dich nach Amsterdam mit seinen **kanalen** und Brücken, den alten Häusern und Hausbooten, nach Den Haag mit seinem berühmten Scheveninger Strand, in die idyllische Polderlandschaft mit den zahlreichen Mühlen von Kinderdijk, ins Freilichtmuseum Zaanse Schans, auf den **kaasmarkt** Alkmaar oder nach Nimwegen auf den Spuren der Römer?

Egal, ob Wandern in den Dünen, Surfen in Surfana in Holland, eine Entdeckertour durch die Designhauptstadt der Niederlande Eindhoven oder eine Stadttour auf den Grachten durch Delft.

Mit den wichtigsten Sprach-Basics steht dir die niederländische **cultuur** und die **communicatie** mit den Einheimischen offen. Bereits mit den häufigsten 100 Wörtern und Redewendungen findest du Zugang zu den Herzen der Niederländer.

Nach dem Weg fragen? Smalltalk mit Einheimischen? Einen **koffie** bestellen? Auf dem **markt** einkaufen? Auch im Notfall schnell reagieren? Für all diese **situaties** bist du mit „Niederländisch lernen mal anders" bestens ausgerüstet. Die 100 wichtigsten Wörter sind in alltagstaugliche Beispielsätze verpackt und nach 12 Reisethemen geordnet. Ganz nebenbei erfährst du die grundlegende **grammatica** und lernst die richtige Aussprache.

Du wirst dir in kürzester Zeit die 100 wichtigsten niederländischen Vokabeln merken. Schwierige Wörter werden mittels innovativer Lerntechniken wie der Wortherkunft, der Ähnlichkeit zu anderen Sprachen und Eselsbrücken in deinem Gedächtnis haften bleiben.

Werde jetzt zum Sprachen-Ass und starte in dein nächstes Abenteuer!

Los geht's mit dem ersten Fun Fact über die Niederlande. Diese findest du in den grau hinterlegten Kästen:

> Die Niederländer sagen: „Gott schuf die Erde, wir schufen Holland"! Ja, die Niederlande sind ein bezauberndes Kunstwerk auf kleinem Raum!

Um ein Gefühl für unsere Lerntechniken zu bekommen, starten wir in der Einleitung mit den fünf wichtigsten Wörtern. Zusätzlich erklären wir dir die niederländische Aussprache und unsere dazugehörige Lautschrift.

Die fünf wichtigsten Wörter

Hallo

Tschüss

Entschuldigung

Wie viel kostet?

Danke

„Hallo" heißt auf Niederländisch „*Halou* – **Hallo**" und unterscheidet sich nur in der Aussprache zur deutschen Übersetzung. Unter Freunden/Bekannten begrüßt man sich wie im Deutschen mit „Hey – *hej* – **Hé**" oder „Hi – *hooi* – **Hoi**".

Zur Verabschiedung genügt ein „*dach* – **Dag!**" → „Einen schönen Tag wünsche ich dir." Umgangssprachlich wird auch häufig „Ciao – *dui* – **Doei!**" benutzt.

„*het beßtə* – **Het beste!**" heißt „Mach's gut!".

Zur Entschuldigung benutze ein einfaches „*ekßküß* – **excuus**" (engl. excuse), alternativ „**pardon**".

Auf dem Markt brauchst du „*wat kost/en*? – **Wat kost/en...?**", um den Preis zu erfragen (Was kostet/kosten...?).

Ein freundliches „*dank jə* – **dank je**" oder „*dank ü well* – **dank u wel**" oder „*bedankt* – **bedankt**" als „Danke" zum Marktverkäufer rundet dein erstes Wissen über die wichtigsten fünf Wörter ab.

„**u**" wird beim Siezen verwendet, „**je**" beim Duzen. Während sich in den skandinavischen Ländern fast immer geduzt wird, beginne in den Niederlanden mit „Sie" (außer bei jungen Leuten) und gehe zum „Du" über, wenn der Gegenüber es auch tut.

Das Wort „bitte – *alstübli:ft* – **alstublieft**" ist vielleicht nicht überlebensnotwendig, sollte bei diesem höflichen Volk aber dennoch zum Grundwortschatz gehören.

→ „**Een koffie, alstublieft!**"

Aussprache und Lautschrift

- Deutsch in Normaldruck,
- die Lautschrift in *kursiv* (wobei die *zu betonende Silbe* unterstrichen wird) und
- das geschriebene Fremdwort in **Fettdruck**.

Wir bedienen uns einer eigens entwickelten, stark vereinfachten Lautschrift:

ɔ in unserer Lautschrift ist ein offenes **o** wie in:

Moor – *mɔ:r* – **moor**

ng (ŋ) in unserer Lautschrift klingt wie:

Gesangsverein – *singende klübb* – **zingende club**
Ding – *ding* – **ding**

Das umgedrehte **ə** ist das nach unten abfallende **e** wie in Matte, Kette...

Ein besonders kurz gesprochener Vokal wird mit nachfolgendem doppelten Konsonanten verdeutlicht. Genauso wie im Deutschen „Null – *null* – **nul**".

Der Doppelpunkt ***:*** in der Lautschrift bedeutet, dass der Vokal lang gesprochen wird.

ch wird meist kehlig wie in „Dach" oder „lachen" gesprochen.

r wird von vielen leicht gerollt.

s wird je nach Wort als ***ß*** wie in „Straße" gesprochen oder als ***s*** wie in „Sonne".

-en am Ende eines Wortes wird wie ***ə*** in „Matte" gesprochen:

sprechen – *ßprejkə(n)* – **spreken**
(im Norden des Landes mit einem deutlich gesprochenen ***n***)

oe wird wie das deutsche ***u*** gesprochen.

u wird wie das deutsche ***ü*** gesprochen.

ij wird wie das deutsche ***ei*** gesprochen.

Wie funktionieren unsere Lernhilfen?

Vielleicht hast du das Wort für „Tschüss – *dach* – **Dag**" alleine vom Sehen (visueller Lerntyp) oder Hören (auditiver Lerntyp) im Gedächtnis verankert, vielleicht brauchst du aber auch eine Lernhilfe.

Was zeichnet eine Lernhilfe aus? Sie kann z.B. logisch erklärt sein mittels Herleitung der Stammsilbe, sie kann auf einer ähnlichen Vokabel im Englischen beruhen, sie kann mit der Schlüsselwortmethode arbeiten oder auch einfach nur verrückt und witzig sein.

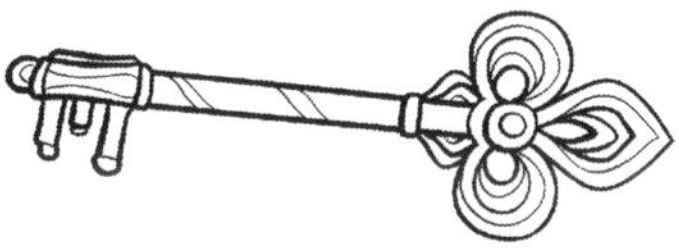

Das Wort „**Dag!**" für „Tschüss!" klingt ausgesprochen genauso wie das deutsche Wort „Dach". Verabschiede dich von dem Handwerker, der gerade auf deinem Dach steht, um es zu reparieren. Du winkst ihm zu und rufst „**Dag!**". Füge noch ein „**Val niet van het dak!** – Fall nicht vom Dach!" hinzu. Die logische Herleitung zu „**Dag!**" wäre einen schönen Tag zum Abschied zu wünschen.

Das Wort „**wat**" und „**kost**" ist klangähnlich zur deutschen Übersetzung „was" und „kostet" und klingt sogar wie ein deutscher Dialekt.

Die folgenden Themen-Kapitel starten jeweils mit einer Vokabelliste mit zwischen 6 und 13 Wörtern. Danach folgen Beispielsätze und Redewendungen, die alle Vokabeln aus der vorherigen Liste enthalten. Hierbei findest du die Lautschrift in der zweiten Zeile in Kursivdruck.

Schwierige Wörter, die nicht klangähnlich zur deutschen Übersetzung sind, werden im Weiteren mit einer Lernhilfe (LH:) ausgestattet. Zusätzlich findest du in den einzelnen Kapiteln spannende Fun Facts und die wichtigste Grammatik.

Los geht's mit dem ersten Thema. Du befindest dich in einer Bar in Amsterdam und möchtest gerne etwas zu trinken bestellen.

Viel Spaß! – *vel pleschi:r* – **Veel plezier!**

Thema Bar

1. **de bar** – *bar*	die Bar
2. **ik heb** – *ik heb*	ich habe
3. **de dorst** – *dorst*	der Durst
4. **drinken** – *drinken*	trinken
5. **de thee** – *tej*	der Tee
6. **het water** – *het water*	das Wasser
7. **of** – *of*	oder
8. **de koffie** – *kofi*	der Kaffee
9. **met** – *met*	mit
10. **de suike**r – *saüker*	der Zucker
11. **waar** – *wa:r*	wo
12. **het toilet** – *toilät*	die Toilette

Ich habe Durst.

Ik heb dorst.

Ik heb dorst.

Trinkst du Tee, Wasser oder Kaffee?

Drink jə tej, water of kofi?

Drink je thee, water of koffie?

Ich trinke einen Kaffee mit Zucker.

Ik drink en kofi met säiker.

Ik drink een koffie met suiker.

Wo ist die Toilette?

War is hät toilät?

Waar is het toilet?

Fun Fact

In den Niederlanden sind öffentliche Toiletten nicht sehr verbreitet. „**Wildplassen**" ist aber ein Vergehen und wird mit Bußgeld bestraft. Nutze die Toiletten in einem Restaurant oder Warenhaus. Für Hundebesitzer gibt es Automaten mit Plastiktüten zur Beseitigung des „**hondenpoep**". Bei Nichtbefolgung drohen auch hier deftige Bußgelder für Herrchen und Frauchen.

Personalpronomen

Zusätzlich zu den formellen Personalpronomen gibt es für „du", „sie" und „wir" noch eine umgangssprachliche, verkürzte Form (**je**, **ze**, **we**):

ich	*ik*	**ik**
du	*jej (jə)*	**jij (je)**
er/sie/es	*hej/sej (sə)/het*	**hij/zij/het (ze)**
wir	*wej (wə)*	**wij (we)**
ihr	*jülli*	**jullie**
sie	*sej (sə)*	**zij (ze)**

Das deutsche „Sie" wird mit „*ü* – **u**" übersetzt.

Verb trinken – **drinken**

ich trinke	*ik drink*	**ik drink**
du trinkst	*jej drinkt*	**jij drinkt**
er/sie/es trinkt	*hej/sej/het drinkt*	**hij/zij/het drinkt**
wir trinken	*wej drinkə*	**wij drinken**
ihr trinkt	*jülli drinkə*	**jullie drinken**
sie trinken	*sej drinkə*	**zij drinken**

Verb haben – **hebben**

ich habe	*ik heb*	**ik heb**
du hast	*jej hebt*	**jij hebt**
er/sie/es hat	*hej/sej/het hejft*	**hij/zij/het heeft**
wir haben	*wej hebbə*	**wij hebben**
ihr habt	*jülli hebbə*	**jullie hebben**
sie haben	*sej hebbə*	**zij hebben**

Groß- und Kleinschreibung

Bis auf den ersten Buchstaben im Satz und Eigennamen wird alles kleingeschrieben.

Fun Fact
In Breda findet jährlich am ersten Septemberwochenende das International Redhead-Festival statt. Dort treffen sich alle Rothaarigen zum Feiern.

Artikel

Im Niederländischen gibt es nur zwei bestimmte Artikel:

Das sächliche **het** entspricht dem deutschen „das" und **de** entspricht sowohl dem männlichen „der" als auch dem weiblichen Artikel „die". Du kannst dich an den deutschen Artikeln orientieren.

Mit den unbestimmten Artikeln ist es sogar noch einfacher, denn es existiert nur einer: **een**

Plural

Die meisten Wörter bilden den Plural mit **-en**:

ein Fahrrad	*e:n fi:tß*	**een fiets**
Fahrräder (auch: Fahrrad fahren)	*fi:tßən*	**fietsen**
ein Kind	*e:n kindər*	**een kind**
Kinder	*kinderərən*	**kinderen**
die Düne	*de daün*	**de duin**
Dünen	*daünən*	**duinen**

Wörter, die auf eine Silbe mit einem stummen **-e** enden (**en**, **er**, **el**...), bilden den Plural mit einem angehängten **-s**:

das Hotel	*het hotəl*	**het hotel**
Hotels	*hotəlß*	**hotels**
die Tochter	*de dochdər*	**de dochter**
Töchter	*dochdərß*	**dochters**

Wörter, die auf einen Vokal enden, bilden den Plural mit einem Apostroph und einem **s**:

mango's, **avocado's**, **foto's**, **kano's** (Kanus)

Ausnahme ist das stumme **-e** (gesprochen *ə)* am Ende, hierbei wird auf den Apostroph verzichtet und nur das **-s** angehängt:

die Periode	*de periodə*	**de periode**
Perioden	*periodəß*	**periodes**
die Diagnose	*de diachnoußə*	**de diagnose**
Diagnosen	*diachnoußes*	**diagnoses**

Thema Weg

13. **rivier** – *riwji:r*	Fluss
14. **dichtbij** – *dichtbäj*	nah, nah bei
15. **gaan** – *ga:n*	gehen
16. **links** – *linkß*	links
17. **en** – *en*	und
18. **rechtdoor** – *rechtdo:r*	geradeaus
19. **nee** – *nej*	nein
20. **weg** – *wäch* (*ch* wie Dach)	Weg
21. **naar** – *na:r*	nach/zur
22. **brug** – *bruch*	Brücke
23. **rechts** – *rechts*	rechts
24. **Kom!** – *komm!*	Komm!

Der Fluss ist in der Nähe.

de riwji:r iß dichtbäj.

De rivier is dichtbij.

Wir gehen links und dann geradeaus.

we chaan linkß en dann rechtdo:r.

We gaan links en dan rechtdoor.

Nein, der Weg zur Brücke führt nach rechts.

nej, de wäch na:r de bruch laid na:r rechts.

Nee, de weg naar de brug leidt naar rechts.

Hier entlang, komm!

dejßə ka:nt, komm an!

Deze kant, kom aan!

Fluss – *riwji:r* – **rivier**

LH: *engl.* **river**

geradeaus – *rechtdo:r* – **rechtdoor**

LH: *Nimm die* **rechte Tür** *und dann nur noch geradeaus zum Ziel.*

Fun Fact

In Geldrop gibt es ein Viertel, dessen Straßennamen den Tolkien-Büchern entnommen sind: Gandalf, Aragorn, Frodo, Peregrin, Meriadoc, Galadriel, Arwen, Elrond, Eomer, Eowijn, Boromir, Theoden, Celeborn, Lorien, Nimrodel, Denethorn, Thorin, Balin, Bombur, Ori, Fangorn...

Pronomen (besitzanzeigend)

Das ist mein Koffer.

dit is mein koffər.

Dit is mijn koffer.

Das ist deine Chance.

dit is jə ka:ns.

Dit is je kans.

Es ist sein Auto.

het is sajn auto.

Het is zijn auto.

Hier ist unser Caravan.

hi:r is onßə karəwä:n.

Hier is onze caravan.

Wo ist euer Freund?

wa:r is jə fri:nd?

Waar is je vriend?

Das sind ihre Tomaten. (3. Person Plural)

dit sajn hun toma:tən.

Dit zijn hun tomaten.

Fun Fact

Die Niederlande bestehen aus 12 Provinzen. In Noord-Holland und Zuid-Holland kannst du die Leute Holländer nennen. In Utrecht, Gelderland, Noord-Brabant, Overijssel, Flevoland, Drenthe, Friesland, Groningen, Limburg und Zeeland wird das nicht gerne gehört.

Jede dieser Provinzen hat ihre eigene Landschaft und Atmosphäre. Etwas Besonderes sind u.a. die Seen in Friesland, die Dolmen in Drenthe und das Naturschutzgebiet De Biesbosch in Noord-Brabant.

Thema Familie

25. **familie** – *famili:*	Familie
26. **ja** – *ja*	ja
27. **vrouw** – *frau*	Frau
28. **man** – *mann*	Mann
29. **klein** – *klein*	klein
30. **kind** – *kind*	Kind
31. **huis** – *haüß*	Haus

Hast du Familie?

hew jə e:n famili:/gesinn?

Heb je een familie/gezin?

Ja, eine Frau/einen Mann und ein kleines Kind.

ja, e:n frau/mann en e:n klein kind.

Ja, een vrouw/man en een klein kind.

Wir leben in einem Haus.

we lejwen in e:n haüß.

We leven in een huis.

Die Niederländer legen Wert auf Höflichkeit und Pünktlichkeit. Benutze die Wörter:

Bitte – **alstjeblieft**

Danke schön – **dank u wel**

Gern geschehen – **Graag gedaan!**

Herzlichen Glückwunsch! – **Van harte!**

Gesundheit!/Prost! – **Proost!**

Gute Besserung! – **(Veel) Beterschap!**

Das ist meine Frau/Mann/Partner/Freund/in.

dit is mejn frau/mann/partnər/frint/frindin.

Dit is mijn vrouw/man/partner/vriend/in.

Verb sein – zijn im Präsens (Gegenwart)

ich bin	*ik benn*	**ik ben**
du bist	*jə bent*	**jij/je bent**
er/sie/es ist	*hej/sej/het is*	**hij/zij/het is**
wir sind	*wej sain*	**wij zijn**
ihr seid	*jülli sain*	**jullie zijn**
sie sind	*sej sain*	**zij zijn**

Beispielsätze

Ich bin glücklich.

ik ben chelükech. (ch wie in Dach)

Ik ben gelukkig.

Du bist süß.

je bent srattech.

Je bent schattig.

Er ist groß.

hejiß gro:ut.

Hij is groot.

Sie ist schön.

sə iß mo:i.

Ze is mooi.

LH: schön – **mooi** → **Moin**, moin, so ein schöner Morgen.

Es ist wichtig.

Het iß belangraik.

Het is belangrijk.

LH: wichtig – **belangrijk** → ähnlich **belangreich**
Es ist von (reichem) Belang.

Wir sind hier.

wej sain hi:r.

We zijn hier.

Ihr seid die Besten.

Jülli sein de beßtə.

Jullie zijn de beste.

Sie sind sehr nett. (3. Person Plural)

sej sain ärch a:rdich. (*ch* wie in Dach)

Zij (ze) zijn erg aardig.

LH: sehr nett – erg aardig → **arg artig**

Die Verwandtschaftsbezeichnungen

sind ähnlich dem Deutschen und leicht zu lernen.

Vater	*wadər*	**vader**
Mutter	*mudər*	**moeder**
Großmutter	*chro:dmudər*	**grootmoeder**
Großvater	*chro:dvadər*	**grootvader**
Onkel	*ɔm*	**oom**
Tante	*tantə*	**tante**
Cousin/e, Neffe	*ne:f*	**neef**
Nichte	*nichd* (*ch* wie in Dach)	**nicht**
Schwiegermutter	*schounmɔdər*	**schoonmoeder**
Schwiegervater	*schounwadər*	**schoonvader**
Eltern	*auders*	**ouders**
Sohn	*soun*	**zoon**
Tochter	*dochdər*	**dochter**
Schwester	*süstər*	**zuster**
Bruder/Geschwister	*bru:r*	**broer**

Tipps

Bist du privat eingeladen, ist es üblich, einen Blumenstrauß, Wein oder Süßigkeiten mitzubringen. Nachmittags-Einladungen sind um 18 Uhr beendet, dann beginnt die Privatsphäre der Familie. Abendeinladungen fangen nach 20 Uhr an. Zum Kaffee wird oft Keks aus der Dose gereicht. Bediene dich nicht selbst, sondern warte, bis du aufgefordert wirst.

Wirst du von Geschäftspartnern zum Kaffee eingeladen, dann übe dich in Small-Talk. Komme erst danach auf geschäftliche Dinge zu sprechen. Wenn du satt bist, sage nie „**ik ben zat**“, denn „**zat**“ bedeutet betrunken. Bei Geburtstagen wird allen Familienangehörigen mit einem „**hartelijk gefeliciteerd!** – herzliche Glückwünsche“ gratuliert.

Thema Restaurant

32. **willen** – *willə*	wollen
33. **eten** – *ejtə*	essen
34. **erg veel** – *ärch fe:l*	sehr viel
35. **honger** – *hongər*	Hunger
36. **Wat is er?** – *wat is er?*	Was gibt es?
37. **restaurant** – *reßtorant*	das Restaurant
38. **vis** – *fiß*	der Fisch
39. **zout** – *ßalt*	das Salz

Willst du essen?

will jə ejtə?

Wil je eten?

Ich habe viel Hunger.

ik heb ärch fe:l hongər.

Ik heb erg veel honger.

Ich bin hungrig.

ik heb hongər.

Ik heb honger.

Was gibt es in diesem Restaurant?

wat is er in dit reßtaurant?

Wat is er in dit restaurant?

Es gibt Fisch mit Salz.

er sain fißßən met saut.

Er zijn vissen met zout.

Fun Fact

In den **Eethuisjen** gibt es eine kleine Speisekarte. Hier findest du die berühmten **pannenkoeken** oder die **soep van de dag**. Im **Poffertjeskraam** auf den Marktplätzen gibt es **poffertjes**, das sind kleine Pfannkuchen in vielen Varianten.

Gastronomie in den Niederlanden

Guten Appetit!

smakelejk ejtə!

Smakelijk eten!

LH: **schmecken**

Einen Tisch für ... Personen, bitte!

e:n tafəl fo:r ... perßounə, alßtöbli:ft.

Een tafel voor ... personen, alstublieft.

LH: Bau dir in deiner Fantasie einen Tisch aus einer Schul**tafel**.

Ist dieser Tisch frei?

is dejsə tafəl fraj?

Is deze tafel vrij?

Ich nehme... /Für mich gerne...

fo:r mej chra:ch...

Voor mij graag...

Nein, danke (Ihnen).

ne: dank ü.

Nee dank u.

Haben Sie auch ein vegetarisches Gericht?

he:ft ü e:n wechətaris cherä:cht/mənü?

Heeft u een vegetarisch gerecht/menu?

Wir hätten gerne noch...

we hadə chra:ch noch...

We hadden graag nog...

Ich hätte gerne...Ich möchte...

ik had chra:ch...

Ik had graag...

Ich bin allergisch gegen...

ik ben alärchis vo:r...

Ik ben allergisch voor...

Wie viel macht das? Wie viel kriegen Sie von mir?

hufe:l kreicht ü fan mə?

Hoeveel krijgt u van me?

Fun Fact

In einer Gruppe im Lokal wird nicht einzeln bezahlt. Entweder werden Runden spendiert, die der Gast sofort an der Theke oder beim Kellner bezahlt oder das Geld im Restaurant wird einzeln eingesammelt und dann gemeinsam bezahlt.

50 Verben, Infinitiv, Präteritum, Partizip

Wenn du für das Präteritum im Plural ein **-en** an den Singular anhängst, passt es oft:

ich arbeite	**ik werk**
ich arbeitete	**ik werkte**
wir arbeiteten	**we werkten**

Das Partizip Perfekt wird wie im Deutschen mit dem Hilfsverb „sein" oder „haben" gebildet + dem Partizip:

ich habe gearbeitet – **ik heb gewerkt**
ich bin geradelt – **ik heb gefietst**

Wie bildest du das Partizip?

Ähnlich wie im Deutschen! Als Vorsilbe kommt ein **ge-** vor den Stamm des Verbes und angehängt wird bei den regelmäßigen Verben ein **-t** oder **-d**:

gearbeitet – **gewerkt**

Bei den unregelmäßigen ein **-en** (gelaufen – **gelopen**). Hier ändert sich noch etwas anderes am Wort (gefunden – **gevonden**). Besitzt das Verb eine der Vorsilben **be-**, **er-**, **ge-**, **her-**, **ont-** oder **ver-** wird kein **ge-** vorangestellt (bestellen – **besteld**). Würde auch sonderbar klingen.

Für deutsche Ohren klingt folgendes sonderbar. Verben, die auf **-eren** enden, bilden ihr Partizip Perfekt auch mit der Vorsilbe **ge-**:

studieren – **studeren → ik heb gestudeerd**
reparieren – **repareren → ik heb gerepareerd**

Übe mit den folgenden regelmäßigen und unregelmäßigen Verben das Konjugieren sowohl im Präsens als auch im Präteritum und im Perfekt mit den passenden Hilfsverben „sein" und „haben".

Wie bildest du das Präsens?

Im Infinitiv enden die Verben meist auf **-en**. Du hast also einen Wortstamm + **-en** (**help-en**). In der 1. Person Singular bleibt es beim Wortstamm (**ik help**), die 2. und 3. Person Singular bekommt ein **-t** an den Wortstamm (**jij/je helpt** und **hij/zij/het helpt**). Im gesamten Plural wird der Infinitiv verwendet (**helpen**).

Bei der Sie-Form wird die 3. Person Singular genommen (Sie helfen – **u helpt**). Eigentlich ganz einfach und Fehler bei den unregelmäßigen Verben werden dir die Einheimischen verzeihen.

arbeiten	**werken, werkte, gewerkt**
beginnen	**beginnen, begon, begonnen**
bleiben	**blijven, bleef, gebleven**
bringen	**brengen, bracht, gebracht**
denken	**denken, dacht, gedacht**
dürfen	**mogen, mocht, gemogen**
essen	**eten, at/aten, gegeten**
fahren (Schiff)	**varen, voer, gevaren**
fallen	**vallen, viel, gevallen**
finden	**vinden, vond, gevonden**
fragen	**vragen, vroeg, gevraagd**
gehen/laufen	**lopen, liep, gelopen**
gehen	**gaan, ging, gegaan**
genießen	**genieten, genoot, genoten**
gewinnen	**winnen, won, gewonnen**
haben	**hebben, had, gehad**
heißen	**heten, heete, geheten**
helfen	**helpen, hielp, geholpen**
hören	**horen, hoorde, gehoord**

kaufen	**kopen, kocht, gekocht**
können	**kunnen, kon/konden, gekund**
kommen	**komen, kwam/kwamen, gekomen**
lassen	**laten, liet, gelaten**
lesen	**lezen, las/lazen, gelezen**
machen	**maken, maakte, gemaakt**
müssen	**moeten, moest**
reisen	**reizen, reisde, gereisd**
rufen	**roepen, riep, geroepen**
sagen	**zeggen, zei, gezegd**
schauen	**kijken, keek, gekeken**
schneiden	**snijden, sneed, gesneden**
schreiben	**schrijven, schreef, geschreven**
schwimmen	**zwemmen, zwom, gezwommen**
sehen	**zien, zag/zagen, gezien**
senden	**zenden, zond, gezonden**
sitzen	**zitten, zat/zaten, gezeten**

sollen	**zullen, zou/zouden**
stechen	**steken, stak/staken, gestoken**
stehen	**staan, stond, gestaan**
suchen	**zoeken, zocht, gezocht**
tragen	**dragen, droeg, gedragen**
tun	**doen, deed/deeden, gedaan**
vergessen	**vergeten, vergat/en, vergeten**
verlieren	**verliezen, verloor, verloren**
warten	**wachten, wachte, gewacht**
waschen	**wassen, waste, gewassen**
werden	**worden, werd, geworden**
wissen	**weten, wist, geweten**
wohnen	**wonen, woonde, gewoond**
wollen	**willen, wilde, gewilt**

Thema See

40. **slaap** – *ßla:p*	schlafen
41. **meer, zee** – *mä:r, se:*	der See, die See (das Meer)
42. **nachts, nacht** – *nachts, nacht*	nachts, Nacht
43. **een beetje** – *e:n be:tje*	ein bisschen, etwas
44. **koud** – *kald*	kalt
45. **berg** – *bärch*	Berg
46. **ster** – *ßtär*	Stern

Ich schlafe nachts am See.

ik sla:ps nachts a:net mä:r.

Ik slaap 's nachts aan het meer.

Es ist ein bißchen (etwas) kalt.

hät is e:n be:tje kaud.

Het is een beetje koud.

Über dem Berg leuchtet (scheint) ein Stern.

bouwə de bärch schaint e:n ßtär.

Boven de berg schijnt een ster.

Fun Fact

Die niederländische Sprache ist sehr bilderreich. Willst du sagen „das geht dich nichts an, misch dich da nicht ein" sagen die Niederländer „**blijf met de klompen van het ijs** – bleib mit den Holzschuhen vom Eis". „**De bal is rond** – der Ball ist rund" bedeutet: Es ist ungewiss, wie es ausgeht.

Präpositionen

aan – an, am, zu

Ich sitze am Tisch.

Ik zit aan de tafel.

achter – hinter

Hinter der Kirche.

Achter de kerk.

bij – bei

Ich bleibe bei dir.

Ik blijf bij jou.

binnen – innerhalb, drinnen

Innerhalb der Zeit.

Binnen de tijd.

buiten – außerhalb, draußen

Außerhalb des Ortes.

Buiten het resort.

door – von, durch, wegen

durch den Tunnel

door de tunnel

in – in, im

im Apartment

in het appartement

uit – aus

Ich komme aus München.

Ik kom uit München.

met – mit

Kommst du mit uns?

Kom je met ons mee?

na – nach

Nach der Reise...

Na de reis...

naar – (Richtung) in, zu, nach, an

Ich fahre nach Amsterdam.

Ik rij naar Amsterdam.

naast – neben

neben dem Fenster

naast het raam

om – um

um 12 Uhr

om 12 uur

onder – unter

unter der Brücke

onder de brug

op – auf, am

Ich sitze auf dem Rand des Schwimmbeckens.

Ik zit op de rand van het zwembad.

auf der Straße

op straat

over – über

über dem Horizont

over de horizon

sinds – seit

es regnet seit gestern

het regent sinds gisteren

te – zu

zu viel

te veel

zu vermieten

te huur

tot – bis, zu

Zu welcher Gruppe gehörst du?

Tot welke groep behoor jij?

voor – vor, für

Vor dem Haus...

Voor het huis...

zonder – ohne

ohne mich

zonder mij

Verkleinerungsform -je, -pje, -tje, -etje

Niederländer lieben die Verkleinerungsform:

der Baum	**de boom**
das Bäumchen	**het boompje**

Manchmal verändert sich die Bedeutung:

die Süßigkeit	**de snoep**
das Bonbon	**het snoepje**

die Schachtel	**de doos**
die Dose	**het doosje**

die Landkarte	**de kaart**
die Eintrittskarte	**het kaartje**

das Telefon	**de telefoon**
der Anruf	**het telefoontje**

der Kopf	**de kop**
die Tasse	**het kopje**

Es gibt sogar Wörter, die nur noch in dieser Form existieren:

das Märchen	**het sprookje**
das Dessert	**het toetje**
der Zehn-Euro-Schein	**het tientje**

Thema Medizin

47. **Goede dag!** – *chu:de da:ch!*	Guten Tag!
48. **Pardon!** – *pardon!*	Pardon! Entschuldigung!
49. **dokter** – *dokter*	Arzt, Ärztin, Doktor
50. **ziek** – *ßi:k*	krank
51. **nodig hebben** – *nɔdich hebbə*	brauchen
52. **hulp** – *hülp*	Hilfe
53. **medicijnen** – *medißainen*	Medizin, die Medikamente

Guten Tag, Entschuldigung, wo ist ein Arzt?

Halo, chu:də da:ch, pardon, wa:r is e:n doktör?

Hallo, *Goede dag,* pardon, waar is een dokter?

Ich bin krank und habe (brauche) Hilfe und Medizin nötig.

ik ben ßi:k en heb hülp en medißain nɔdich.

Ik ben ziek en heb hulp en medicijnen nodig.

krank – *ßi:k* – **ziek**

LH: engl. **sick** – krank

„Wenn ich krank bin, **zicke** ich gerne rum."

Verb brauchen, nötig haben – **nodig hebben**

Du brauchst mehr Geld.

je hebt me:r cheld nɔdich.

Je hebt meer geld nodig.

Sie braucht Urlaub.

sə häjft wakantsi: nɔdich.

Ze heeft vakantie nodig.

Wir brauchen dich.

we hebbə jə nɔdich.

We hebben je nodig.

Ihr braucht ein gutes Auto.

jülli hebbə e:n chu:də auto nɔdich.

Jullie hebben een goede auto nodig.

Gesundheitssystem

Im Vergleich mit Niedersachsen haben die Niederländer bei doppelter Einwohnerzahl nur halb so viele Krankenhäuser. Sie belegen den Platz 1 in Europa bei der Patientenzufriedenheit.

Die Notrufzentrale (Polizei, Feuerwehr und Rettungsdienst) erreichst du unter der internationalen Notrufnummer 112. Von öffentlichen Telefonen aus sind Notrufe kostenlos.

Für die Behandlung in einer Klinik brauchst du immer eine Überweisung von einem Hausarzt. Die Behandlung ist qualitativ hochwertig, aber die Medikamente sind teuer und du bringst sie (falls nötig) besser aus Deutschland mit.

Es besteht auch mit den Niederlanden ein Sozialversicherungsabkommen. Wenn du gesetzlich versichert bist, kannst du deine VK vorlegen. Es besteht bei möglichen Zuzahlungen niederländisches Recht. Lass dir alle Zahlungen quittieren und achte auf eine detaillierte Rechnung. Privatversicherte sollten vor der Reise mit ihrer Versicherung sprechen. Es empfiehlt sich außerdem eine Auslandszusatzversicherung.

Thema Supermarkt

54. **supermarkt** – *supermarkt*	Supermarkt
55. **levensmiddele** – *lejwenßmidelə*	Lebensmittel
56. **vlees** – *fle:ß*	Fleisch
57. **groenten** – *chuntə*	Gemüse
58. **fruit** – *fraüt*	Früchte, Obst
59. **brood** – *broud*	Brot
60. **duur** – *du:r*	teuer
61. **ik koop** – *ik kopp*	ich kaufe
62. **meer** – *me:r*	mehr

Im Supermarkt gibt es Lebensmittel wie Fleisch, Gemüse, Obst (Früchte) und Brot.
in de supermarkt sain er lejwenßmidelə ßoualß flejß, chuntə, fraüt en broud.
In de supermarkt zijn er levensmiddelen zoals vlees, groenten, fruit en brood.

Das Fleisch ist teuer, also kaufe ich mehr Brot.
het flejß is du:r, dußkopp ik me:r broud.
Het vlees is duur, dus koop ik meer brood.

Gemüse – *chuntə* – **groenten**

LH: Im geschriebenen Wort steckt ***grün*** *drin.*

teuer – *du:r* – **duur**

LH: Eine ***Dürre*** *verteuert die Lebensmittelpreise.*

Recycling in den Niederlanden

Recycling wird in den Niederlanden groß geschrieben. Es gibt Glascontainer – **glasbakken**, Papiercontainer – **papierbakken**, einen grünen **groenbak** für Bioabfälle und einen grauen **grijsbak** für Restmüll. Beim Kauf von Glas– und Plastikflaschen wird **statiegeld** kassiert, das man als **bonnetje** zurückerhält und an der Kasse oder beim **klantenservice** einlösen kann.

Fragewörter

was – *wat*	**wat**
Was machen wir heute? – *wat du:n we wandach?*	**Wat doen we vandaag?**
Was möchtest/willst du haben/trinken/essen/wissen? – *wat will je/drinkə/ätə/wätə?*	**Wat wil je/drinken/eten/weten?**

wer – *wi:*	**wie**
(Vorsicht falsche Freunde: Wer heißt „*wi:* – **wie**" und wie heißt „*hu* – **hoe**")	
LH: „**Wer** hat **wie** diesen Blödsinn (Wand besprüht) gemacht?" und „Wie hat Hugo die Farbe wieder entfernt?"	
Wer ist das? – *wi: is dat?*	**Wie is dat?**
Wer geht mit? – *wi: cha:t mej?*	**Wie gaat mee?**

wann – *wanne:r*	**wanneer**
Wann kommst du? – *wanne:r komm je?*	**Wanneer kom je?**

Wann gehst du nach Hause? – *wanne:r cha jə na:r haüß?*	**Wanneer ga je naar huis?**

wo – *wa:r*	**waar**
Wo wohnst du? – *wa:r wo:n jə?*	**Waar woon je?**
Wo bist du? – *wa:r ben jə?*	**Waar ben je?**

warum – *warɔm*	**waarom**
Warum fragst du? – *warɔm fra:g jə dat?*	**Waarom vraag je dat?**
Warum nicht? – *warɔm ni:t?*	**Waarom niet?**

wie – *hu*	**hoe**
Wie geht es dir? – *hu ga:t het met jə?*	**Hoe gaat het met je?**
Wie alt bist du? – *hu ould ben jə?*	**Hoe oud ben je?**
Wie lange...? – *hu lang…?*	**Hoe lang...?**
Wie viel? – *huwell?*	**Hoeveel?**

Einkaufen in den Niederlanden

Verbreitet sind hier die Supermärkte Albert Heijn und Jumbo. Außerdem gibt es auch Aldi und Lidl mit einem anderen Sortiment als in Deutschland. Allgemein sind Lebensmittel hier fast immer teurer, besonders Fleisch und fertige Salate. Es gibt viel mehr abgepackte und klein geschnittene Lebensmittel als bei uns. Das Brotsortiment besteht zum größten Teil aus Toastsorten.

Früher besaßen die Niederländer viele Kolonien. Ob New Amsterdam (das heutige New York), Südafrika oder auch Suriname. Mit den Einwanderern aus diesen Ländern kamen auch deren Spezialitäten ins Land. Heute gibt es in den Supermärkten, Bistros und Restaurants viele indonesische Gerichte.

Wie in Skandinavien wird auch hier meist mit Karte bezahlt. Bei Barzahlung werden die Beträge auf 5 Cent auf- bzw. abgerundet.

Fun Fact

Neben den Amerikanern und Finnen haben die Niederländer einen hohen Zuckerkonsum. Beim Frühstück beginnt es mit süßen Aufstrichen. Sie lieben **drop**, das ist Lakritz, **koekjes** – Kekse und **chocola**.

Thema Strand

63. **vandaag** – *wanndach*	heute
64. **warm** – *warm*	warm
65. **dag** – *dach*	Tag
66. **strand** – *ßtrand*	Strand
67. **voldoende** – *wolldundə*	genug
68. **zon** – *sonn*	Sonne
69. **geweldig** – *cheweldich*	toll, super

Es ist ein warmer Tag heute.
het is e:n warmə dach wanndach.
Het is een warme dag vandaag.

Ich bin am Strand und es gibt genug Sonne. Toll!
ik ben op het ßtrand en er is chenuch sonn. Grejt!
Ik ben op het strand en er is genoeg zon. Great!

heute – *wanndach* – **vandaag**

LH: **Wanda** kommt am heutigen **Tag**

Bindewort (Konjunktion)

oder	*ɔw*	**of**
aber	*ma:r*	**maar**
auch	*ouk*	**ook**
nur	*alejn*	**alleen**
also	*düß*	**dus**
als (bei Vergleich)	*dann*	**dan**
dass	*dat*	**dat**
seit	*ßindß*	**sinds** (engl. since)
weil	*ɔmdat*	**omdat**
wenn, falls	*alß*	**als**

Fun Fact

Nicht nur der Strand ist für Kinder geeignet. Ganz Niederland ist sehr kinderfreundlich. Man findet viele gute Spielplätze, Streichelzoos, Vergnügungsparks und Vergünstigungen für Kinder. Es gibt liebevoll gemeinte Begriffe für Kind wie **peuter** (1-3 Jährige), **kleuter** (4-6 Jährige), **schatje** oder kleine **rakker**.

Thema Post

70. **volgende** – *folchendə*	nächste(r,s), folgende
71. **postkantoor** – *poßtkanto:r*	Post
72. **ik wil** – *ik will*	ich will
73. **grote** – *chrotə*	groß
74. **brief** – *bri:f*	Brief
75. **alstublieft** – *alßtöbli:ft*	bitte
76. **wanneer** – *wanne:r*	wann, wenn
77. **traag** – *tra:ch*	langsam
78. **hier** – *hir*	hier
79. **geld** – *cheld*	das Geld

Wo ist die nächste Post?

war is het folchendə poßtkanto:r?

Waar is het volgende postkantoor?

Ich will einen großen Brief versenden, bitte.

ik will e:n chrotə bri:f ßtu:rə, alßtöbli:ft.

Ik wil een grote brief sturen, alstublieft.

Wann kommt er an?

wanne:r kommt hej a:n?

Wanneer komt hij aan?

Die Post ist langsam.

de poßt is tra:ch.

De post is traag.

Hier ist das Geld.

hi:r is het cheld.

Hier is het geld.

bitte – *alßtöbli:ft* – **alstublieft**

LH: Das **u** in der Mitte ist das förmliche **Sie**. „**alsjeblieft**" mit dem „**je** – du" wird beim Duzen benutzt. Teilen wir dieses etwas schwierige Wort in zwei Teile: „**alsje**" heißt „wie du", „**blieft**" heißt „ebenfalls, bitte" und erinnert an engl. „**please**".

langsam – *tra:ch* – **traag**

LH: ***träge***

Es wird gerne gesehen, wenn du in einer z.B. englisch geschriebenen Mail einige Brocken der Landessprache einfließen lässt.

Geachte dames en heren,

...

Met vriendelijke groet

Steigerung und Vergleich

Steigerungen werden mit **-er** und **-st** gebildet:

klein	**klein**	kleiner	**kleinst**
neu	**nieuw**	nieuwer	**nieuwst**
teuer	**duur**	duurder	**duurste**

Direkt vor einem Substantiv wird noch ein **-e** angehängt:

die schönere Aussicht	**het mooiere uitzicht**
das schönste Kleid	**de mooiste jurk**
Ansonsten:	
das Kleid ist schöner	**de jurk is mooier**

Der Kuchen ist leckerer als...	**De cake/taart is lekkerder dan...**
Er ist schlauer als ich.	**Hij is slimmer dan ik.**
Es ist weiter als ich dachte.	**Het is verder dan ik dacht.**

Die Postämter sind mit TPG oder TNT gekennzeichnet. Die Briefkästen sind orange und haben zwei Einwürfe: einen für Sendungen im Ort und einen für **overige besternmingen** – sonstige Bestimmungen. **Postzegels** – Briefmarken gibt es in Postämtern, **postzegelverko-oppunten** oder TPG/TNT-**servicepunten** in Supermärkten, Buchläden...

Wörter mit Endung -ion

Viele deutsche Wörter mit der Endung **-tion** oder **-ion** sind fast identisch zur niederländischen Übersetzung. Die Endung verwandelt sich im Niederländischen zu **-ie**. Das niederländische **-e** für **-on** wird nicht gesprochen. Es ist eine gute Übung, wenn du die Übersetzungen allein herausfindest:

abstractie – *abßtraktsi:* – Abstraktion
administratie (Verwaltung)
agressie
animatie
definitie
degeneratie
decoratie
delegatie
demonstratie
depressie
dimensionaal
discussie
documentatie
emissie
emotie
informatie
innovatie
combinatie
communicatie

constructie

conventie

lotion

menstruatie

operatie

organisatie

presentatie

processie

reactie

situaties

station

traditie

versies

Thema Lernen

80. **ik leer** – *ik lär*	ich lerne
81. **kan** – *kann*	ich kann
82. **zeggen** – *sä:chə*	sagen
83. **de woorden** – *de wɔrden*	die Wörter
84. **ding** – *ding*	Ding
85. **waarom** – *warɔm*	warum
86. **wie** – *wi:*	wer
87. **goed** – *chu:d*	gut

Ich lerne englisch.

ik lär ängels.

Ik leer Engels.

Ich kann die Wörter „Ding", „Warum" und „Wer" sagen.

ik kann de wɔrden „ding", „warɔm" en „wi:" sä:chə.

Ik kan de woorden „ding", „waarom" en „wie" zeggen.

Das ist gut.

dat is chu:d.

Dat is goed.

Beginne eine Mail mit „Beste + Vornamen". Beginne nicht mit „**Lieve**", das bedeutet „Liebste/r"! Beende mit „**groetjes** – Grüße".

Am Handy meldet man sich mit Namen. Das Handy wird liebevoll „**mobieltje**" genannt und die Nummern beginnen immer mit 06... In Supermärkten und Kiosken gibt es „**beltegoedkaarten**" zum Aufladen. Kein Scherz: „Telefonieren" heißt auf Niederländisch „**bellen**".

Zeit – tijd

Sonntag	*sondach*	**zondag**
Montag	*ma:ndach*	**maandag**
Dienstag	*dinßdach*	**dinsdag**
Mittwoch	*wunßdach*	**woensdag**
Donnerstag	*dondərdach*	**donderdag**
Freitag	*frejdach*	**vrijdag**
Samstag	*sa:tərdach*	**zaterdag**
bis Sonntag	*tot sondach*	**tot zondag**
am Mittwoch	*op wunßdach*	**op woensdag**
gestern	*chißtərən*	**gisteren**
heute	*fanda:ch*	**vandaag**
heute Abend	*de:sə a:fond*	**deze avond**

morgen	*mɔrchən*	**morgen**
Vormittag	*fo:rmidach*	**voormiddag**
morgen früh	*morchənfruch*	**morgenvroeg**
die Woche	*de wejk*	**de week**
Letzte Woche	*fɔrichə wejk*	**vorige week**
in einer Woche	*ɔufə e:n wejk*	**over een week**
der Monat	*de ma:nd*	**de maand**
In welchem Monat...?	*in welkə ma:nd…?*	**In welke maand...?**
das Jahr	*het ja:r*	**het jaar**
Januar	*janöwari*	**januari**
Februar	*fe:brüwari*	**februari**
März	*ma:rt*	**maart**
April	*april*	**april**
Mai	*mäj*	**mei**
Juni	*jüni*	**juni**
Juli	*jüli*	**juli**
August	*auchößtöß*	**augustus**
September	*ßeptembər*	**september**
Oktober	*okto:bər*	**oktober**

November	*no:fembər*	**november**
Dezember	*de:sembər*	**december**
Frühling	*lentə*	**lente**
Sommer	*so:mər*	**zomer**
Herbst	*herfßt*	**herfst**
Winter	*wintər*	**winter**
den ganzen Sommer	*de hejlə so:mər*	**de hele zomer**

Ist heute ein Feiertag?

is het fanda:ch e:n fe:ßtdach?

Is het vandaag een feestdag?

Bis später!

tot la:tər!

Tot later!

Um wie viel Uhr?

hu la:t?

Hoe laat?

Es ist zu spät!

het is tə la:t!

Het is te laat!

Wie lange dauert es?

hu lang du:rt het?

Hoe lang duurt het?

Von 11 bis 12.

van älf tot twalf.

Van elf tot twaalf.

Adjektive und ihre Veränderung

Wenn das Adjektiv (Eigenschaftswort) alleine steht, bleibt es unverändert:

Nederland is prachtig!

Vor einem Substantiv wird ein **-e** angehängt:

Het prachtige Nederland!

Auch im Plural wird nur das **-e** angehängt:

schöne Windmühlen	**mooie windmolens**

Ausnahme ist das sächliche Substantiv mit unbestimmten Artikel **een** und der Verneinung „**geen** – *che:n* – kein":

ein schönes Haus	**een leuk huis**
ein gutes Buch	**een goed boek**
kein schönes Gemälde	**geen leuk schilderij**
kein gutes Essen	**geen goed eten**

Thema Polizei

88. **gisteren** – *chißtərən*	gestern
89. **dier** – *di:r*	Tier
90. **stad** – *stad*	die Stadt
91. **Ga weg!** – *cha wäch!*	Geh weg!
92. **politie** – *politsi:*	die Polizei
93. **snel** – *snell*	schnell

Gestern war in der Stadt ein Tier.
chißtərən was er e:n di:r in de stad.
Gisteren was er een dier in de stad.

Ich sagte: „Geh weg!".
ik sej: cha wäch!
Ik zei: „Ga weg!".

Die Polizei kam schnell. Danke!
de politsi: ka:m snell. Dank jə well!
De politie kwam snel. Dank je wel!

Verb sein – zijn im Präteritum

ich war	*ik wa:ß*	**ik was**
du warst	*jej wa:ß*	**jij was**
er/sie/es war	*hej/sej/hät wa:ß*	**hij/zij/het was**
wir waren	*wej warən*	**wij waren**
ihr wart	*jülli warən*	**jullie waren**
sie waren	*sej warən*	**zij waren**

Ich war zu Hause.

ik wa:s taüß.

Ik was thuis.

Du warst nicht da.

jə wa:ß er ni:t.

Je was er niet.

Er war beliebt.

hej wa:ß popjulä:r.

Hij was populair.

Wir waren uns einig.

we sain het ejnß.

We zijn het eens.

Ihr wart im Haus.

jülli warən in het haüß.

Jullie waren in het huis.

Sie waren pünktlich (aus der Zeit).

sə warən op daid.

Ze waren op tijd.

Trage stets deinen Personalausweis bei dir. Du musst dich jederzeit ausweisen können. Kauf auf keinen Fall Drogen auf der Straße. Harte Drogen sind illegal und der Verkauf von Soft Drugs ist nur in Coffeeshops erlaubt. Alkohol darf nicht auf offener Straße in Glasflaschen konsumiert werden. Lauf nicht auf den zahlreichen Fahrradwegen, du kommst dort unter die Räder. Fußgänger überqueren auch rote Ampeln und wer einen Radfahrer unter 14 Jahren anfährt, trägt immer die Schuld. Also Vorsicht!

Fun Fact

In den Niederlanden wurden 2013 acht Gefängnisse geschlossen, weil nicht genug Gefangene vorhanden waren.

Modalverben

Den Modalverben „dürfen, können, müssen und wollen“ folgt ein Vollverb im Infinitiv. → Ich darf lernen.

dürfen	**mogen**
ich darf	**ik mag**
du darfst	**jij mag**
er/sie/es darf	**jij/zij/het mag**
wir dürfen	**wij mogen**
ihr dürft	**jullie mogen**
sie dürfen	**zij mogen**

Darf ich kochen?

Mach ik koukə?

Mag ik koken?

Darf ich fahren?

mach ik raidə?

Mag ik rijden?

LH: ***reisen***

können	**kunnen** (Infinitiv)
ich kann	**ik kan** (Präsens)

du kannst	**jij kunt**
er/sie/es kann	**jij/zij/het kan**
wir können	**wij kunnen**
ihr könnt	**jullie kunnen**
sie können	**zij kunnen**

Wir können ins Theater gehen.

we künnen na:r het teater cha:n.

We kunnen naar het theater gaan.

Wir können tanzen.

we künnen danßə.

We kunnen dansen.

müssen	**moeten**
ich muss	**ik moet**
du musst	**jij moet**
er/sie/es muss	**jij/zij/het moet**
wir müssen	**wij moeten**
ihr müsst	**jullie moeten**
sie müssen	**zij moeten**

Du musst vorsichtig sein.

jə mu:t forsichtich sein.

Je moet voorzichtig zijn.

Ich muss zum Bahnhof gehen.

jə mu:t na:r het ßtatsion cha:n.

Je moet naar het station gaan.

wollen	**willen**
ich will	**ik wil**
du willst	**jij wilt**
er/sie/es will	**jij/zij/het wil**
wir wollen	**wij willen**
ihr wollt	**jullie willen**
sie wollen	**zij willen**

Sie will ein Fahrrad kaufen.

sə will e:n fi:tß koupə.

Ze wil een fiets kopen.

Sie wollen heiraten.

sə willen trauə.

Ze willen trouwen.

Kann/darf ich reinkommen?

kann ik bi:nəkomə?

Kan/mag ik binnenkomen?

Kann/darf ich für dich zahlen?

kann ik fo:r jə betsa:lə?

Kan/mag ik voor je betalen? („Mag" ist höflicher.)

Möchtest/willst du joggen?

will jə cha:n ha:rtloupen?

Wil je (gaan) hardlopen?

Musst du heimgehen?

mu:t jə na:r haüß cha:n?

Moet je naar huis gaan?

Sollen wir ins Konzert gehen?

mu:ten we na:r het kontsert cha:n?

Moeten we naar het concert gaan?

Willst du einen Kaffee?

will jə koffi:?

Wil je koffie?

Thema Farben

94. **wit** – *wi:t*	weiß
95. **zwart** – *ßwart*	schwarz
96. **blauw** – *blau*	blau
97. **rood** – *roud*	rot
98. **geel** – *che:l*	gelb
99. **groen** – *chrun*	grün
100. **bruin** – *braün*	braun

ein weißer Stern	*e:n witte ßtär*	**een witte ster**
ein schwarzer Kaffee	*e:n ßwartə koffi:*	**een zwarte koffie**
ein blauer Brief	*e:n blauə brif*	**een blauwe brief**
eine rote Frucht	*e:n roude frucht*	**een rode vrucht**
eine gelbe Sonne	*e:n chelə sonn*	**een gele zon**
ein grünes Gemüse	*e:n chru:ne chruntə*	**een groene groente**
ein braunes Tier	*e:n braun di:r*	**een bruin dier**

100 ähnliche Wörter

abholen	*opha:lən*	**ophalen**
Absender	*afsendər*	**afzender**
absolut	*abßolü:t*	**absoluut**
Adresse	*adreß*	**adres**
alkoholfrei	*alko:holfräj*	**alcoholvrij**
allein	*alejn*	**alleen**
Allergie	*alerchi:*	**allergie**
anbieten	*a:nbi:dən*	**aanbieden**
ankommen	*a:nko:mən*	**aankomen**
annulieren, stornieren	*anöle:ren*	**annuleren**
Antibiotikum	*antibioti:küm*	**antibioticum**
Antwort	*antwo:rt*	**antwoord**
Apotheke	*apote:k*	**apotheek**
Arm, arm	*arm, arm*	**arm, arm**
ausdrucken	*afdrökən*	**aufdrukken**
Ausgang	*aütchan*	**uitgang**
Auto	*auto:*	**auto**
automatisch	*auto:ma:ti:ß*	**automatisch**

Bäcker/in	*bakər*	**bakker**
Bad	*badka:mər*	**badkamer**
Ball	*bal*	**bal**
Bank	*bank*	**bank**
beginnen	*bəchinnə*	**beginnen**
bei	*bäj*	**bij**
Bein	*be:n*	**been**
Beruf	*bərup*	**beroep**
besuchen	*bəsukə*	**bezoeken**
Bett	*bet*	**bed**
Bier	*bi:r*	**bier**
bisschen	*e:n be:tjə*	**een beetje**
Blumenladen	*blumenwinkəl*	**bloemenwinkel**
Bronchitis	*bronchi:tiß*	**bronchitis**
Buch	*buk*	**boek**
Bushaltestelle	*büßhaltə*	**bushalte**
campen	*kampe:rən*	**kamperen**
defekt	*defekt*	**defect**
Direktflug	*direktə flöcht*	**directe vlucht**
eigen	*äjchən*	**eigen**

entspannen	*ontßpannən*	**ontspannen**
Entwicklung	*ontwikəling*	**ontwikkeling**
Fahrkartenautomat	*ka:rtautoma:t*	**kaartautomaat**
Film	*film*	**film**
Fisch	*fiß*	**vis**
Flasche	*fleß*	**fles**
fliegen	*fli:chən*	**vliegen**
Formular	*formöli:r*	**formulier**
Foto	*fo:to*	**foto**
Frage	*fra:ch*	**vraag**
Freund/in	*fri:nt, fri:ndin*	**vriend, vriendin**
Fußball	*futbal*	**voetbal**
Gast	*chaßt*	**gast**
gehören	*bəho:rən*	**behoren**
Geschmack	*ßma:k*	**smaak**
Gespräch	*chəßprek*	**gesprek**
Gesundheit	*chəsonthäjt*	**gezondheid**
Gewicht	*chəwicht*	**gewicht**
Glas	*chlaß*	**glas**
Glück haben	*chəlök hebə*	**geluk hebben**

Golfplatz	*golfteräjn*	**golfterrein**
Grad	*chra:d*	**graad**
Gramm	*chram*	**gram**
Halbpension	*halfpenßiun*	**halfpension**
Hund	*hont*	**hond**
Husten	*hußt*	**hoest**
Idee	*i:de:*	**idee**
innen	*binnən*	**binnen**
Jacke	*jaß*	**jas**
Kakao	*kakau*	**cacao**
Kamera	*ka:məra:*	**camera**
kaputt	*kapot*	**kapot**
Käse	*ka:ß*	**kaas**
kennen	*kenən*	**kennen**
Koffer	*kofər*	**koffer**
Kondom	*kondo:m*	**condoom**
Konsulat	*konsöla:t*	**consulaat**
Kuchen	*ke:k*	**cake**
lachen	*lachən*	**lachen**
langsam	*langsa:m*	**langzaam**

leben	*le:fən*	**leven**
Metro/U-Bahn	*me:tro:*	**metro**
Motor(rad)	*mo:tor*	**motor**
Musik	*mösi:k*	**muziek**
Notfall	*no:tchəfal*	**noodgeval**
Nuss	*no:t*	**noot**
packen, einpacken	*pakən, inpakən*	**pakken, inpakken**
Partner/in	*partnər*	**partner**
Rechnung	*re:kəning*	**rekening**
Regen	*rechən*	**regen**
Regierung	*reche:ring*	**regering**
Reservierung	*re:ßerfe:rin*	**reservering**
Saft	*ßap*	**sap**
Schiff	*ßchip*	**schip**
schlecht	*ßlecht*	**slecht**
Schlüssel	*ßlö:təl*	**sleutel**
schwer	*swa:r*	**zwaar**
schwimmen	*swemən*	**zwemmen**
stark	*ßterk*	**sterk**

Straße	*ßtra:t*	**straat**
Strom (Gewässer & Elektrizität)	*ßtro:m*	**stroom**
Telefonanruf	*te:lefo:ntjə*	**telefoontje**

Redewendungen

Bitte. Gern geschehen.

chra:chədaːn.

Graag gedaan.

Wie bitte? Was sagten Sie/du?

wat ßejcht ü/jə?

Wat zegt u/je?

Einverstanden! Okay!

ako:rt! oke!

Akkoord! Oké!

Wie komme ich zum Bahnhof?

hu kom ik bäj het ßtaßjon?

Hoe kom ik bij het station?

Rufen Sie einen Arzt/Krankenwagen!

bel e:n artß/ambölansə!

Bel een arts/ambulance!

Einen Augenblick, bitte!

e:n ochənblikjə, chra:ch!

Een ogenblikje graag!

Wie viel kostet der Eintritt für Studenten/Senioren/Gruppen/Kinder?

hufe:l koßt de entre: fo:r ßtü:dentən/ßeniorən/chrupən/kindərən?

Hoeveel kost de entree voor studenten/senioren/groepen/kinderen?

Gibt es hier ein Café?

is hi:r e:n kafe:?

Is hier een café?

Gibt es Apfelkuchen?

is er appelta:rt?

Is er appeltaart?

Wann öffnet das Museum?

hu la:t o:pent het mößeöm?

Hoe laat opent het museum?

Wann schließt der Vergnügungspark?

hu la:t slaüt het pretpark?

Hoe laat sluit het pretpark?

Wo kann ich ein Fahrrad mieten?

wa:r kann ik e:n fi:tß hü:rə?

Waar kan ik een fiets huren?

Sorry, das ist mir zu teuer.

ßori, dat is mäj te dü:r.

Sorry, dat is mij te duur.

Ich kaufe es für 10 Euro.

ik ko:p het fo:r tin öro.

Ik koop het voor 10 euro.

Darf ich das probieren?

mach ik het probi:rə?

Mag ik het proberen?

Das ist genug!

dat is chənuch!

Dat is genoeg!

Nein danke, das ist alles!

nej bedankt, dat is alles!

Nee bedankt, dat is alles!

Einen Moment, bitte!

e:n mo:mentjə, alßtöbli:ft!

Een momentje, alstublieft!

Ich wohne in einem Hausboot.

ik woun in e:n wounbout.

Ik woon in een woonboot.

Ich spreche nur wenig Niederländisch.

ik ßpre:k ma:r e:n betjə nederlands.

Ik spreek maar een beetje Nederlands.

Zahlen

0	*nü:l*	**nul**
1	*ejn*	**één**
2	*twe*	**twee**
3	*dri:*	**drie**
4	*fi:r*	**vier**
5	*fejf*	**vijf**
6	*säß*	**zes**
7	*ßäjwə*	**seven**
8	*a:cht*	**acht**
9	*nejchə*	**negen**
10	*ti:n*	**tien**
11	*älf*	**elf**
12	*twa:lf*	**twaalf**
13	*derti:n*	**dertien**
14	*ferti:n*	**veertien**
15	*fejfti:n*	**vijftien**
16	*säßti:n*	**zestien**
17	*ßäjwəti:n*	**zeventien**
18	*a:chti:n*	**achttien**

19	*nejchəti:n*	**negentien**
20	*twintəch*	**twintig**
21	*e:nenttwintəch*	**eenentwintig**
22	*tweenttwintəch*	**tweeëntwintig**
23	*dri:enttwintəch*	**drieëntwintig**
24	*fi:renttwintəch*	**vierentwintig**
30	*därtəch*	**dertig**
31	*e:nendärtəch*	**eenendertig**
32	*tweendärtəch*	**tweeëndertig**
40	*fe:rtəch*	**veertig**
41	*e:nenfe:rtəch*	**eenenveertig**
50	*fejftəch*	**vijftig**
60	*seßtəch*	**zestig**
70	*ßäjwəntəch*	**zeventig**
80	*tachtəch*	**tachtig**
90	*nejchəntəch*	**negentig**
100	*hɔndərt*	**honderd**
101	*hɔndərde:n*	**honderdeen**
200	*twehɔndərd*	**tweehonderd**
300	*dri:hɔndərd*	**driehondered**

1000	*daüßend*	**duizend**
2000	*twedoußend*	**tweeduizend**
1.000.000	*en milju:n*	**een miljoen**

1. eerste

2. tweede

3. derde

4. vierde

5. vijfde

6. zesde

7. zevende

8. achtste

9. negende

10. tiende

½ een half

⅓ een derde

¼ een kwart

¾ driekwart

Besonderheiten und Anekdoten

Wo wird Niederländisch gesprochen?

Niederländisch wird von etwa 25 Millionen Menschen gesprochen im Königreich der Niederlande, in den flämischen Gebieten Belgiens, Indonesien, Suriname und als Dialekt in Frankreich und Deutschland. Englisch und Friesisch weist viele Ähnlichkeiten mit Niederländisch auf. Aus dem Niederländischen ging auch das in Südafrika und Namibia gesprochene Afrikaans hervor.

Die niederländische Sprache gehört wie die deutsche Sprache zur westgermanischen Gruppe des germanischen Zweiges der indogermanischen Sprachen. Die indogermanischen Sprachen sind die größte Sprachfamilie der Welt mit etwa drei Milliarden Muttersprachlern. Grund der großen Verbreitung sind die Völkerwanderungen im Laufe der Jahrtausende.

Die Sprachen zeigen Übereinstimmungen im Wortschatz, in den Beugungen und in der Grammatik. Als gemeinsamer Ursprung wird eine einzelne, vorgeschichtliche indogermanische Ursprache angenommen, die bisher in Grundzügen durch einen Vergleich der einzelnen Sprachen rekonstruiert werden konnte.

Verkehr in den Niederlanden

In Ortschaften gilt 50 km/h Höchstgeschwindigkeit, außerhalb geschlossener Ortschaften 80 km/h, auf Landstraßen 100 km/h und auf der Autobahn 120 km/h. Für PKW mit Anhänger gelten 40 km/h bzw. auf allen anderen Straßen 70 km/h. Die Autofahrer halten nicht unbedingt an Zebrastreifen an. Kommunikation mit Gestik wird großgeschrieben.

Ungewohnt für Deutsche sind die vielen Fahrradfahrer. Passt besonders gut auf, sie sind überall und pflegen einen selbstbewussten Fahrstil. Es herrscht die ungeschriebene Regel, dass Fahrradfahrer Vorfahrt haben. Es gibt sogar Fahrrad-Highways. In den Städten gibt es wenig Parkplätze und Falschparker werden schnell abgeschleppt oder mit einer **parkeerklem** – Parkkralle bedacht. Parke lieber am Stadtrand in einem P+R-Service. Lustigerweise heißt: Ich habe eine Autopanne. – **Ik heb pech met de auto.**

Die Bahn ist gut vernetzt mit den öffentlichen Verkehrsmitteln wie **bus**, **tram**, **metro**, **taxi** und **boot**. Besucher mit Bahnfahrkarten werden mit der **treintaxikaartje** zu einem Pauschalpreis im ganzen Stadtgebiet befördert. Die **strippenkaart** zum Abstempeln kannst du an vielen Stellen kaufen. Beim Fahrer ist sie allerdings teurer. Die Busse halten nur, wenn Handzeichen gegeben werden.

Was muss man in den Niederlanden gesehen und erlebt haben?

Im Frühling (April/Mai) sind die Tulpen in voller Blüte und ein Besuch im Keukenhof in Lisse zwischen Amsterdam und Den Haag ist ein Muss! Im Sommer kannst du Sonne und Meer entlang der niederländischen Küste genießen.

Wir waren mit der ganzen Familie mehrmals im Freizeitpark Duinrell nahe Den Haag. Hübsche und praktische Ferienhäuser, Campingplatz, Erlebnispark und Badeparadies Tikibad. Duinrell liegt nur 4 km entfernt von den Dünen an einem der schönsten Strände Europas.

Im Herbst kannst du mit dem Fahrrad die wundervolle Natur erkunden und im Winter über die romantischen Weihnachtsmärkte schlendern. Die Niederländer lieben das Eislaufen. Mangels natürlichem Eis gibt es viele Eislaufflächen mit Leihschuhen.

Die Hauptstadt Amsterdam ist immer wieder eine Reise wert und mit dem Flieger auch schnell zu erreichen.

Den Haag liegt am berühmten Scheveninger Strand und bietet die Haager Innenstadt für eine Shopping-Tour, eine Bootsfahrt durch die Grachten, das historische Zentrum, Museen und das Flair einer modernen Stadt.

Erkunde die Stadt Leiden ebenfalls mit Hilfe einer Grachtenrundfahrt. Monumentale Bauten, Museen und Wahrzeichen erwarten dich.

Verbringe einen romantischen Tag in den bezaubernden Gassen von Delft, besuche einen Workshop in Delfter Porzellanmalerei bei Royal Delft und die Gräber des Königshauses in der Nieuwe Kerk.

Wenn du in der Nähe der Küste bei Den Haag bist, verpasse die Stadt Haarlem nicht. Romantische Gassen, leckeres Essen und Kultur erwarten dich.

Interessiert dich die größte Hafenstadt Europas, Rotterdam? Oder möchtest du ins Freilichtmuseum Zaanse Schans? Dort wird das Leben im 17. und 18. Jahrhundert in den Niederlanden gezeigt. Du kannst alte Mühlen besichtigen und bei der Herstellung von Holzschuhen und Käse zusehen. Seit 1593 wird in Alkmaar Käse hergestellt und verkauft. Der Käsemarkt gehört zu den wichtigsten Sehenswürdigkeiten.

Falsche Freunde

Slim bedeutet weder dünn noch schlimm, sondern schlau.
Bellen heißt „anrufen/telefonieren".
Zat bedeutet nicht „satt", sondern „betrunken".
Bureau ist leider nur ein Schreibtisch.

Schoon heißt nicht „schön", sondern „sauber".

De zee ist „das Meer" und **het meer** ist „die See".

Klaar heißt nicht „klar", sondern „fertig".

De reden ist „der Grund, die Ursache".

Het uur ist die Stunde.

Het horloge ist die Uhr.

De winkel ist das Geschäft.

Mist heißt nicht „Mist", sondern „Nebel". (engl. mist – Nebel)

Het zeil ist weder „Zeile" noch „Seil", sondern „das Segel".

Het touw wiederum ist das Tau/Seil.

De slager ist weder ein Schläger oder ein Schlager, sondern ein Metzger, Schlachter.

Enkel bedeutet nicht „Enkel", sondern „Knöchel".

Familie ist gleich die ganze Verwandtschaft.

Verzoeken heißt nicht „versuchen", sondern „bitten".

Doof bedeutet „taub".

Eng ist „unheimlich".

Rustig bedeutet „ruhig".

Erg heißt „schlimm, arg".

Fun Facts

In den Niederlanden gibt es ein eigenes Ministerium für Wasserangelegenheiten. Sie kümmern sich um Wasserbarrieren wie Dünen und Deiche, um die zahlreichen Wasserstraßen, um den Hochwasserschutz in den Poldern (eingedeichtes Gebiet in der Nähe von Gewässern) und um die Sauberkeit des Wassers.

Die Niederlande haben die höchste dokumentierte Anzahl an Tornados in Europa, gefolgt von den UK.

Die Niederlande hat nach Einführung der Euro-Scheine deren fiktive Brücken in echt nachgebaut. Du findest sie in einem Vorort von Rotterdam, Spijkenisse. Die Bilder auf den Geldscheinen sind mit Absicht nicht real, um kein Land zu benachteiligen. Eine Seite der Scheine zeigt fiktive Gebäude aus der europäischen Architekturgeschichte: 5 €uro → griechische und römische Antike, 10 €uro → romanischer Stil, 20 €uro → Gotik, 50 €uro → Renaissance, 100 €uro → Barock, 200 €uro → Elemente der Glas- und Eisenarchitektur für die industrielle Revolution, 500 €uro → moderne Architektur. Die Rückseite zeigt Brücken, um das Zusammenwachsen der Völker und Kulturen zu demonstrieren.

Nur in den Niederlanden existiert seit 1917 eine Organisation gegen das Fluchen. In Bahnhöfen wird auf Plakaten an das Verbot erinnert: **Trein gemist? Vloek niet!**

Small Talk über das Wetter

Die Niederlande haben besonders viel Wettergeschehen. Strahlende Sonne am Meer, genügend Wind, und der Regen kommt auch aus England rüber. Vielleicht hast du Lust, dich mit einigen Sätzen, die dem Deutschen ähneln, auf diesen Small Talk vorzubereiten und damit Eindruck zu machen:

Was für ein herrliches/schreckliches Wetter!
wat e:n he:rlək/fresələk we:r!
Wat een heerlijk/vreselijk weer!

Es ist kalt draußen.
het is kaut bäutən.
Het is koud buiten.

Hier ist es warm.
hi:r is het warm.
Hier is het warm.

Es ist zu heiß.
het is te he:t.
Het is te heet.

neblig – *mißtəch* – **mistig**
windig – *wajt* – **waait**
schönes Wetter – *moj we:r* – **mooi weer**
schlechtes Wetter – *slächt we:r* – **slecht weer**

Es wird morgen wärmer/kälter.
het wort mɔrchən warmər/kaudər.
Het wordt morgen warmer/kouder.

Es wird heute nicht regnen/schneien.

het cha:t vanda:ch ni:t rechənən/sne:wən.

Het gaat vandaag niet regenen/sneeuwen.

Gewitter – *ɔnwe:r* – **onweer**

Donner – *dɔndər* – **donder**

Sturm – *stɔrm* – **storm**

Wind – *wint* – **wind**

Wetterbericht – *we:rbəricht* – **weerbericht**

sonnig – *ßɔnəch* – **zonnig**

Luft – *lücht* – **lucht**

nass – *nat* – **nat**

trocken – *drɔ:ch* – **droog**

Ebbe und Flut

eb en flut

eb en vloed

Gratulation!

Du hast bis zum Ende durchgehalten und dein Ziel erreicht. Du hast über 100 neue niederländische Vokabeln und die wichtigste Grammatik erlernt!

Hast du **Fragen** oder Feedback zum Buch?

Dann schreib uns gerne an:
seppeur@sprachenlernenmalanders.com

Möchtest du noch mehr Sprachen und Vokabeln lernen?

Alle Bücher von Sprachen lernen mal anders findest du auf den nächsten Seiten und unter:

www.sprachenlernenmalanders.de

Um über Neuveröffentlichungen informiert zu werden, trage dich in unseren **Newsletter** ein und erhalte den **kostenlosen Sprachenguide** mit den 10 wichtigsten Vokabeln fünf verschiedener Weltsprachen:

www.sprachenlernenmalanders.com/sprachenguide

Auf **Instagram** findest du uns unter:

www.instagram.com/sprachenlernenmalanders

Hat dir dieses Buch gefallen?

Dann hilf uns und zukünftigen Lesern mit deinem **Feedback**.

Wir würden uns sehr freuen, deine Rezension zu lesen.

www.amazon.de/review/create-review?&asin=1075916631

Herzlichen Dank!

NORWEGISCH
Lernen mal anders
Die 100 wichtigsten Vokabeln
für
Reisende
Abenteurer
Digitale Nomaden
Sprachenbegeisterte
SPRACHEN

DÄNISCH
Lernen mal anders
Die 100 wichtigsten Vokabeln
für
Reisende
Abenteurer
Digitale Nomaden
Sprachenbegeisterte
SPRACHEN

NIEDERLÄNDISCH
Lernen mal anders
Die 100 wichtigsten Vokabeln
für
Reisende
Abenteurer
Digitale Nomaden
Sprachenbegeisterte
SPRACHEN

RUSSISCH
Lernen mal anders
Die 100 wichtigsten Vokabeln
für
Reisende
Abenteurer
Digitale Nomaden
Sprachenbegeisterte
SPRACHEN

TÜRKISCH
Lernen mal anders
Die 100 wichtigsten Vokabeln
für
Reisende
Abenteurer
Digitale Nomaden
Sprachenbegeisterte
SPRACHEN

DÄNISCH
Lernen mal anders
Die 100 wichtigsten Vokabeln
für
Reisende
Abenteurer
Digitale Nomaden
Sprachenbegeisterte
SPRACHEN

Spanisch

Italienisch

Französisch

Englisch

Printed in Poland
by Amazon Fulfillment
Poland Sp. z o.o., Wrocław

19053134R00068